PIANO · VOCAL · GUITAR

SCOTTY McCREERY
CLEAR AS DAY

3   OUT OF SUMMERTIME

9   I LOVE YOU THIS BIG

16   CLEAR AS DAY

22   THE TROUBLE WITH GIRLS

28   WATER TOWER TOWN

33   WALK IN THE COUNTRY

39   BETTER THAN THAT

46   WRITE MY NUMBER ON YOUR HAND

50   DIRTY DISHES

57   YOU MAKE THAT LOOK GOOD

61   BACK ON THE GROUND

67   THAT OLD KING JAMES

ISBN 978-1-4584-2524-9

HAL·LEONARD®
CORPORATION
7777 W. BLUEMOUND RD. P.O. BOX 13819 MILWAUKEE, WI 53213

Visit Hal Leonard Online at
www.halleonard.com

OUT OF SUMMERTIME

Words and Music by JONATHAN SINGLETON
and TIM NICHOLS

* Recorded a half step lower.

sec - ond row, __ her hair __ pulled back, we were young __ and free. __

Oh, she could've been mine, but we ran out of sum-mer-time. __

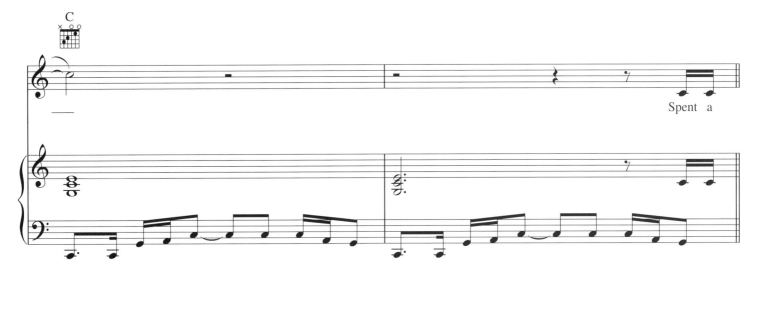

Spent a

few weeks out __ on a lake __ shore beach, carved our names high as __ we could reach

days had on - ly stayed that long and those au - tumn leaves did - n't __ have to fall,

on an old wood-en pier. ___ We made plans ___ we planned to keep. ___ Three
oh, we'd have fell in love. ___ 'Cause what we felt ___ on that Fer - ris wheel ___ was

hun-dred miles from her ___ to me ___ in her sen - ior year. _____
just too right and just ___ too real, _____ but just not long e - nough.

Oh, ___ she could 've been mine, but we ran out ___ of sum - mer - time. _____

And of all the things ___ I let get a - way,

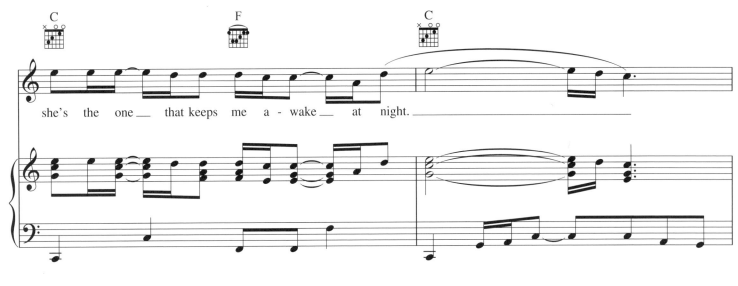

she's the one ___ that keeps me a - wake ___ at night. ___

And I've nev - er seen days go by so fast, a

lit - tle more sand fall - in' through the glass. ___ She was hot as Ju - ly ___ and sweet as sun -

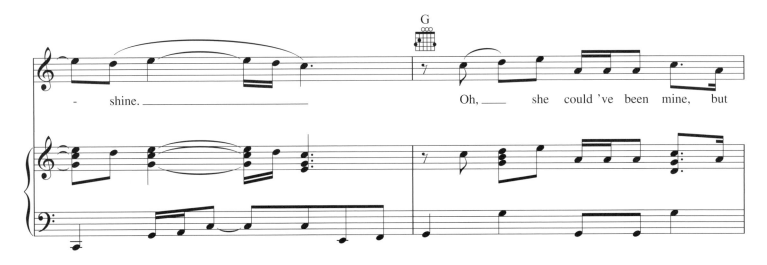

- shine. ___ Oh, ___ she could 've been mine, but

we ran out of sum-mer-time. _____ If the

And of all the things __ I let get a-way,

she's the one __ that keeps me a - wake __ at night. __

And I've nev - ver seen days go by so fast, a

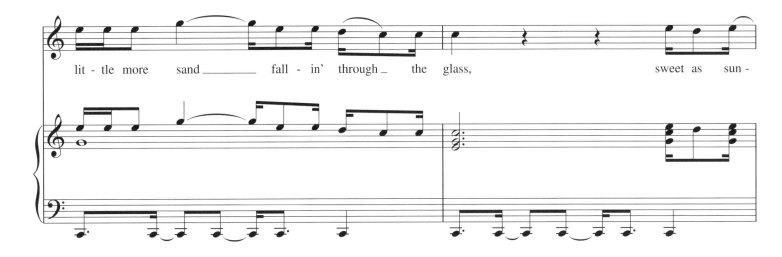

lit - tle more sand ___ fall - in' through _ the glass, sweet as sun-

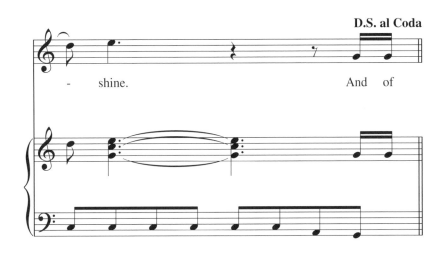

D.S. al Coda

- shine. And of

CODA F

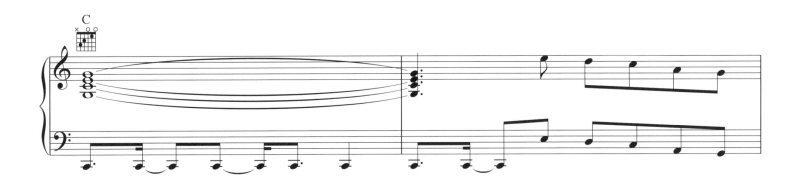

C

I LOVE YOU THIS BIG

Words and Music by ESTHER DEAN,
RONNIE JACKSON, BRETT JAMES
and JAY SMITH

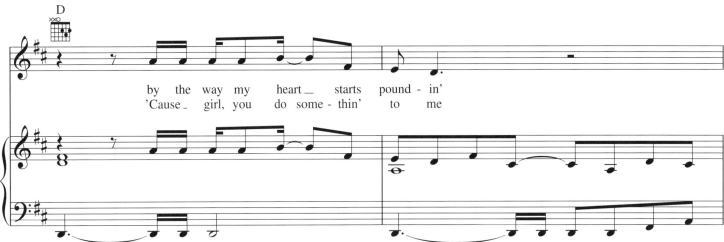

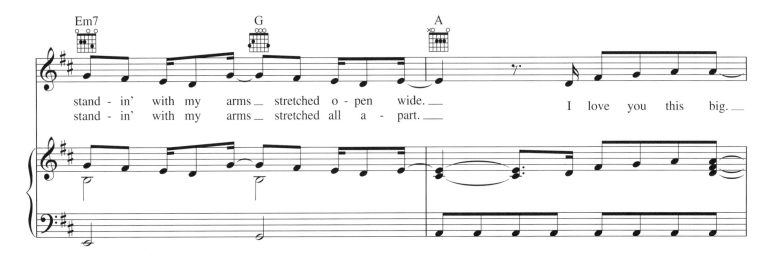

Eyes have nev-er seen _____ this big. _____

_____ No one's ev-er dreamed ___ this big. __

_____ And I'll spend the rest of my life _____ ex-plain-in' what

words can-not ___ de-scribe, but ___ I'll try. I love you this ___ big. _

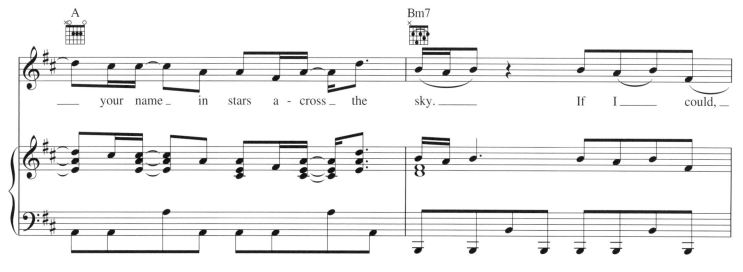

your name ___ in stars a - cross ___ the sky. _____ If I _____ could, _

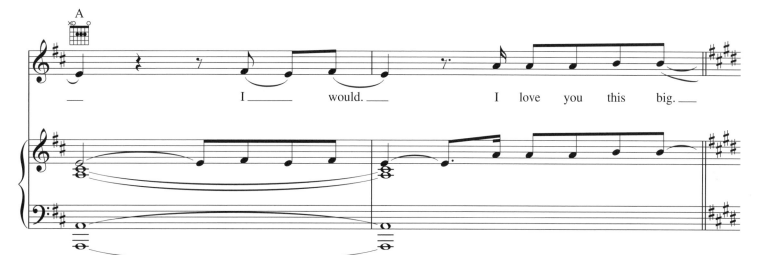

_ I _____ would. ___ I love you this big. ___

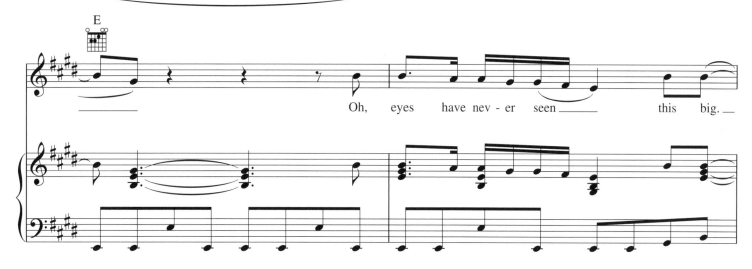

Oh, eyes have nev - er seen _____ this big. __

No one's ev - er dreamed ___ this big. _

And I'll spend the rest of my life ____ ex-plain-in' what

words can-not ____ de-scribe, but ____ I'll try. I love you this big. ____

Oh, eyes have nev-er seen ____ this big. ____

No one's ev-er dreamed ____ this big. ____

And I'll spend the rest of my life _____ ex-plain-in' what

words can-not _____ de-scribe, but _____ I'll try. I love you this _____

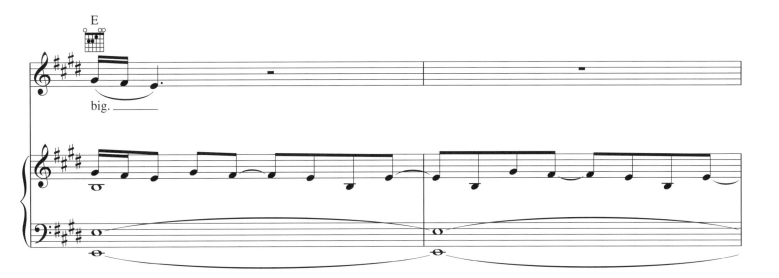

big. _____

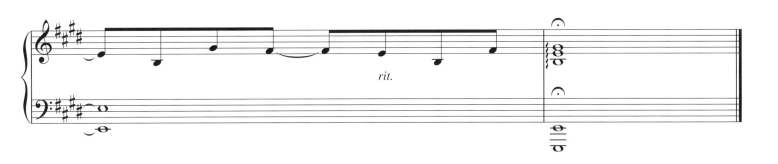

rit.

CLEAR AS DAY

Words and Music by CASEY BEATHARD,
PHIL O'DONNELL and ADAM WHEELER

Moderately

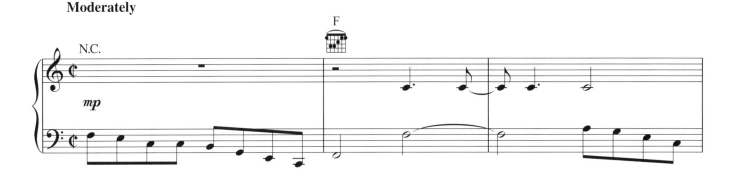

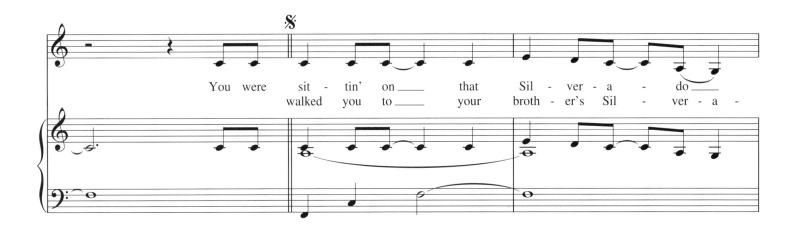

You were sit-tin' on ___ that Sil - ver - a - do ___
walked you to ___ your broth - er's Sil - ver - a -

bump - er ___ out - side our lock - er room ___
- do. When he climbed be - hind the wheel, ___

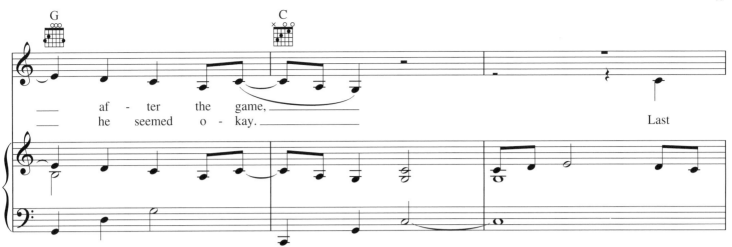

af - ter the game,
he seemed o - kay. _____ Last

glow - in' in the tan _____ you got that sum - mer.
thing you said was "I'll _____ call you to - mor - row."

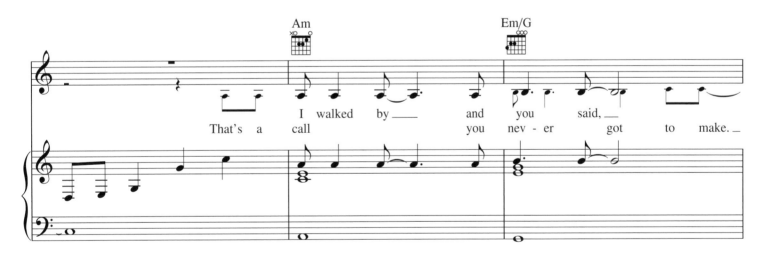

That's a call I walked by _____ and you said, _____
you nev - er said got to make. _____

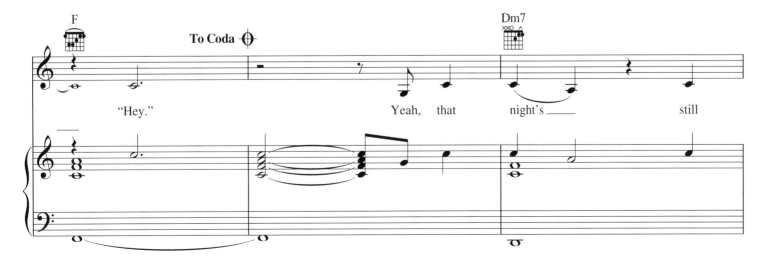

To Coda ⊕

"Hey." Yeah, that night's _____ still

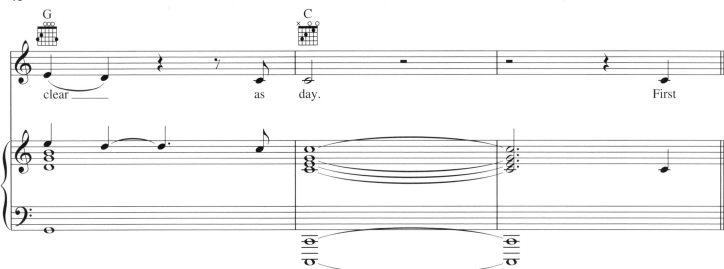

clear _____ as day. First

time we ev - er beat _____ East Lin - coln Coun - ty,
went to get _____ some fresh _____ air on the back _____ porch.

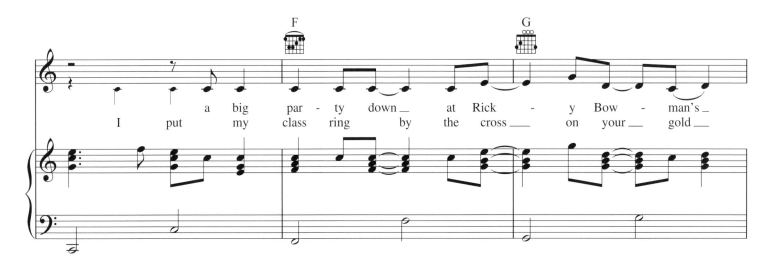

a big par - ty down _____ at Rick - y Bow - man's _____
I put my class ring by the cross _____ on your _____ gold _____

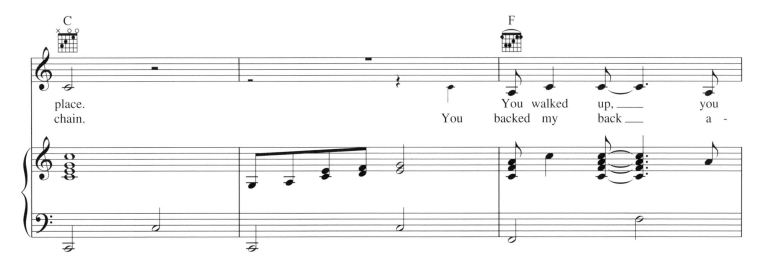

place. You walked up, _____ you
chain. You backed my back _____ a -

threw your arms ___ a - round ___ me.
gainst those ce - dar clap - boards.
And my
You

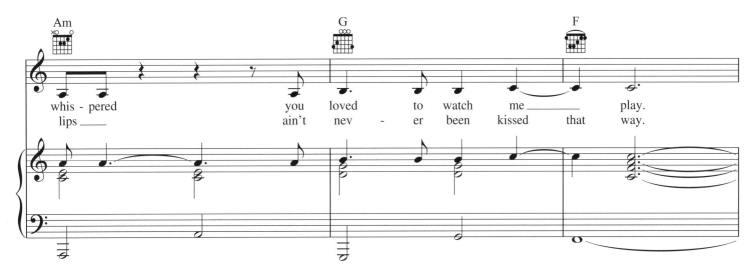

whis - pered
lips ___
you loved to watch me ___ play.
ain't nev - er been kissed that way.

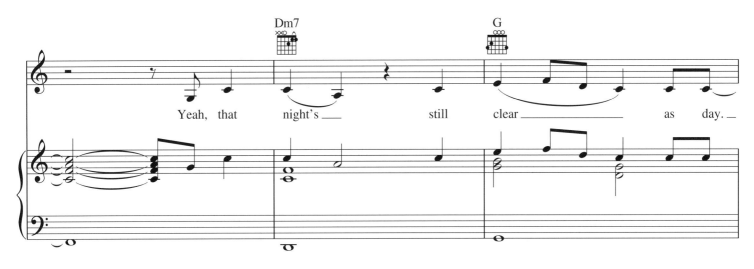

Yeah, that night's ___ still clear ___ as day. ___

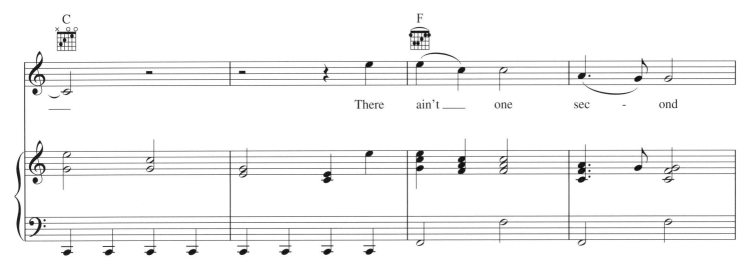

There ain't ___ one sec - ond

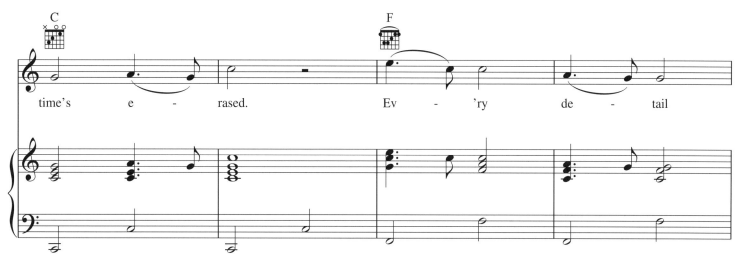

time's e - rased. Ev - 'ry de - tail

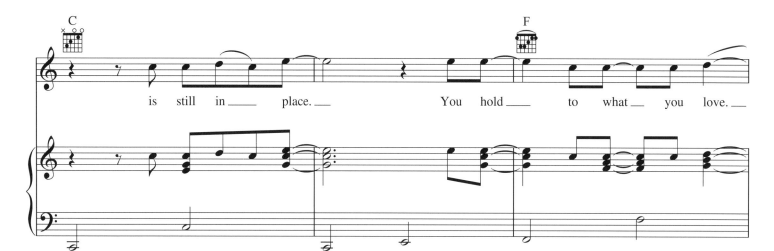

is still in ____ place. ___ You hold ___ to what __ you love. ___

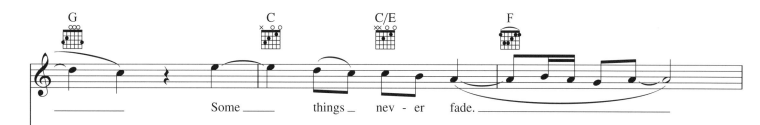

Some ___ things _ nev - er fade. _____

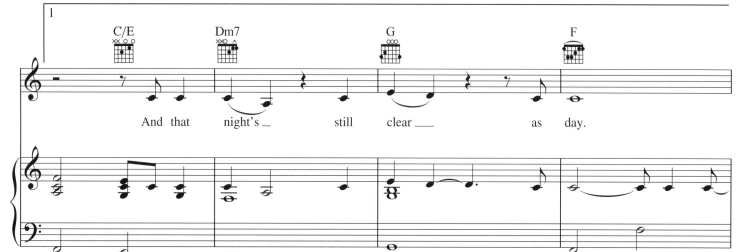

And that night's _ still clear ___ as day.

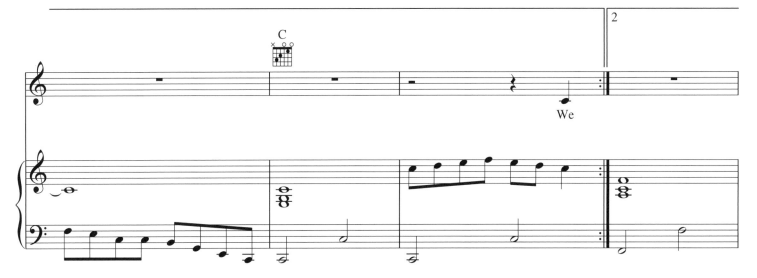

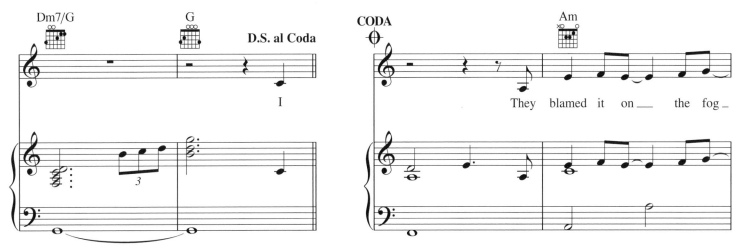

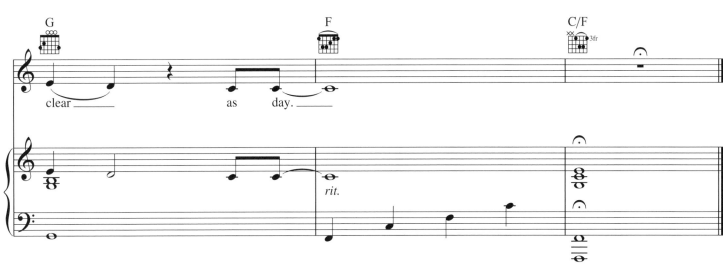

THE TROUBLE WITH GIRLS

Words and Music by PHILLIP WHITE
and CHRIS TOMPKINS

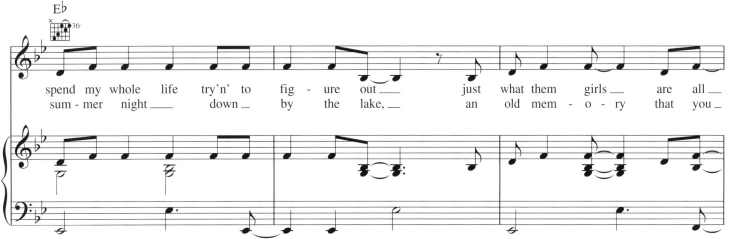

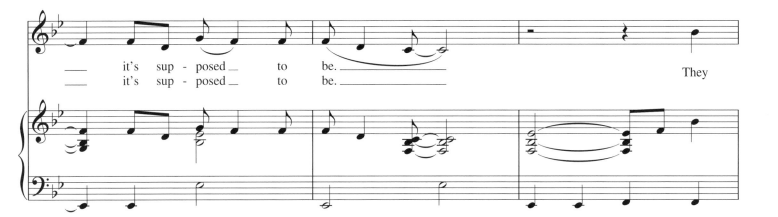

smile _____ that smile. __ And they bat _____ those eyes. __

__ They steal you with __ hel - lo. ____ They

kill you with __ good - bye. __ They hook you with _____ one touch __
(D.S.) They're the per - fect drug __

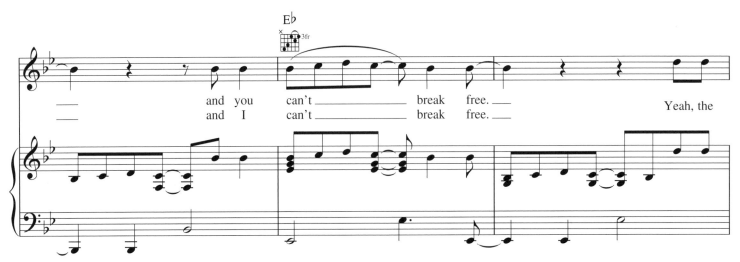

__ and you can't _____ break free. __
__ and I can't _____ break free. __
Yeah, the

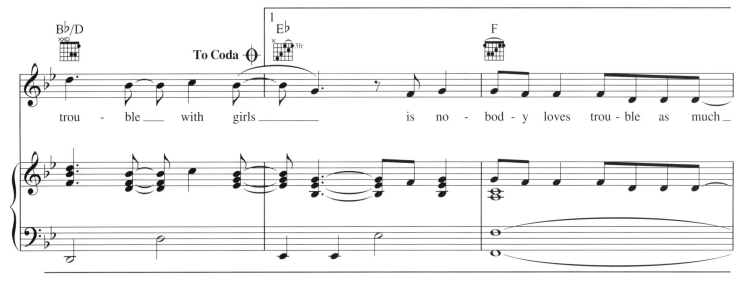

trou - ble ___ with girls ___ is no - bod - y loves trou - ble as much ___

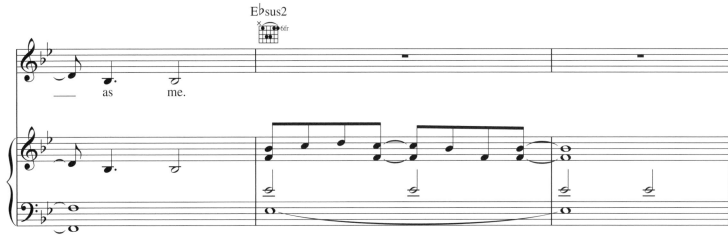

___ as me.

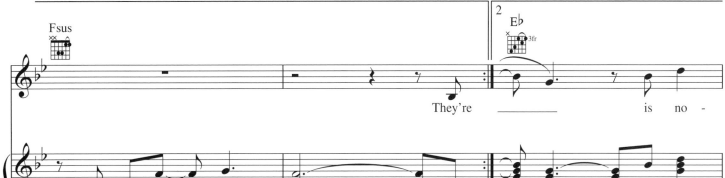

They're ___ is no -

bod - y loves trou - ble as much ___ as me. The way they

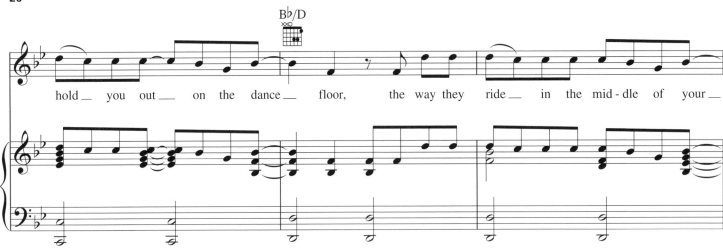

hold __ you out __ on the dance __ floor, the way they ride __ in the mid - dle of your __

__ truck, the way they give you a kiss __ at the front __ door. Leave you

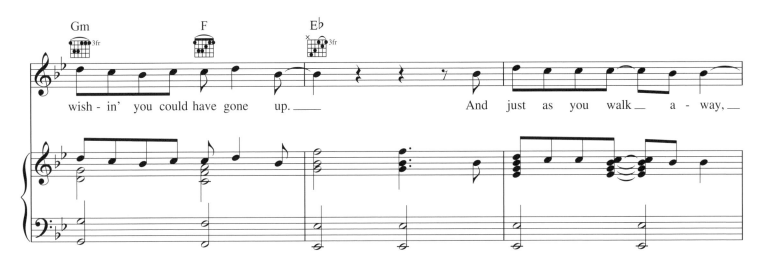

wish - in' you could have gone up. __ And just as you walk __ a - way, __

__ you hear that sweet __ voice _____ say,

D.S. al Coda

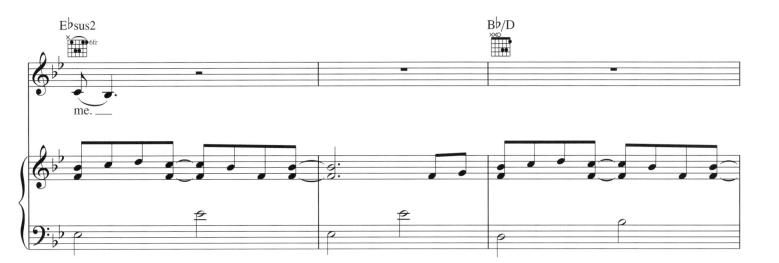

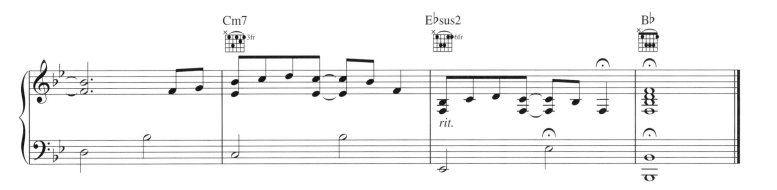

WATER TOWER TOWN

Words and Music by COLE SWINDELL,
LYNN HUTTON and TAMMI KIDD

Moderately fast

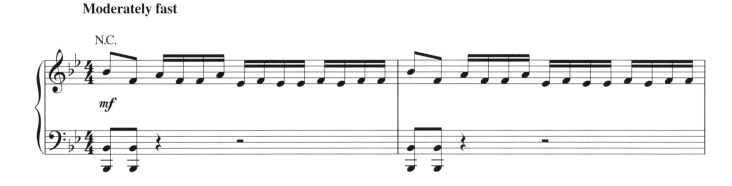

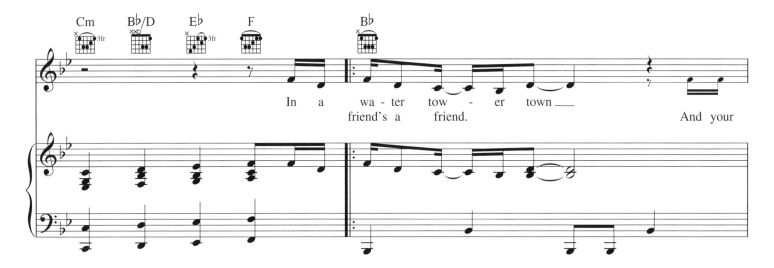

In a wa-ter tow - er town ___
friend's a friend. And your

ev-'ry-bod-y waves. ___ And
word's your ___ word. ___ And our

Church doors are the on - ly thing that's o - pen on
pick-up trucks, ___ they ___ ain't for looks ___ they're made

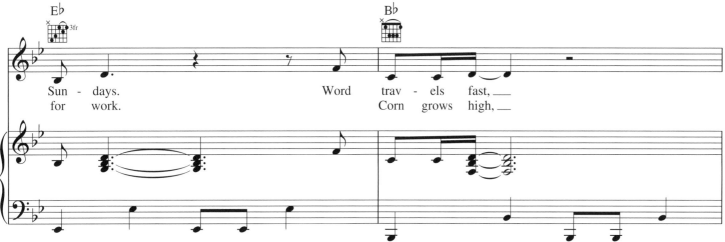

Sun - days.
for work.

Word trav - els fast, ___
Corn grows high, ___

wheels turn slow. ___
crime stays low. ___

Yeah, work - in' hard ___ and liv - in' right ___ is the
There's lit - tle towns ___ ev - 'ry - where ___ where ___

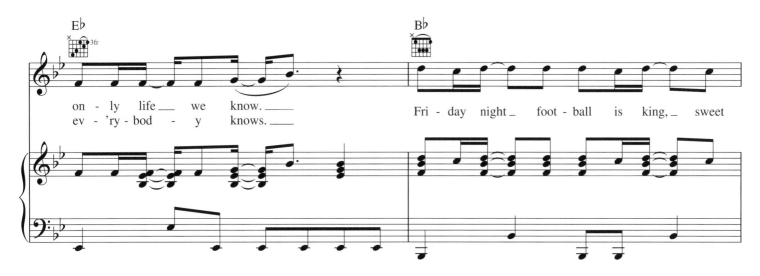

on - ly life ___ we know. ___
ev - 'ry - bod - y knows. ___

Fri - day night ___ foot - ball is king, ___ sweet

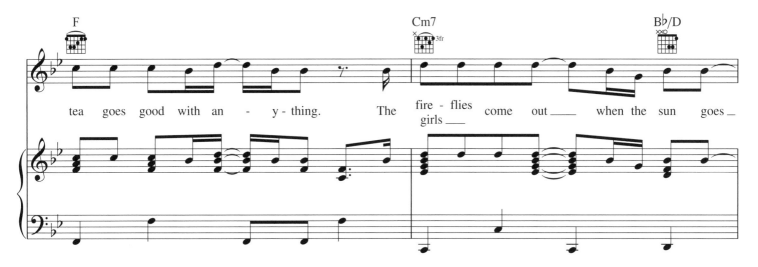

tea goes good with an - y - thing. The fire - flies come out ___ when the sun goes ___
girls ___

down. No - bod - y eats ___ till you say, "A - men" ___ and

ev - 'ry - bod - y knows your mom ___ and them. You can see who loves who ___ from miles ___ a - round ___

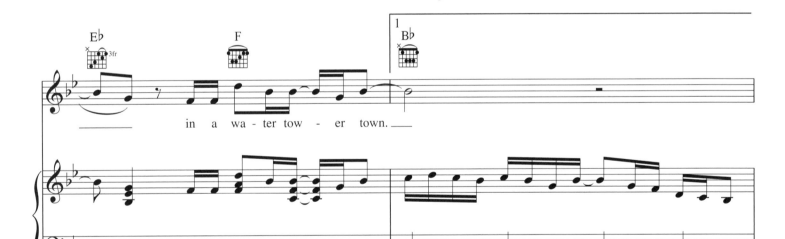

in a wa - ter tow - er town. ___

Well, your

ev-'ry-bod-y knows your mom __ and them. You can see who loves who __ from miles __ a - round __

__ in a wa-ter tow - er town. __

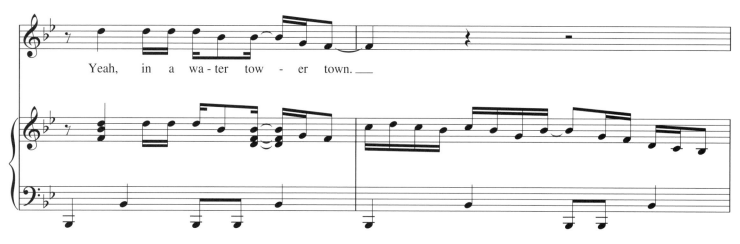

Yeah, in a wa-ter tow - er town. __

WALK IN THE COUNTRY

Words and Music by KEITH URBAN
and VERNON RUST

Moderately fast

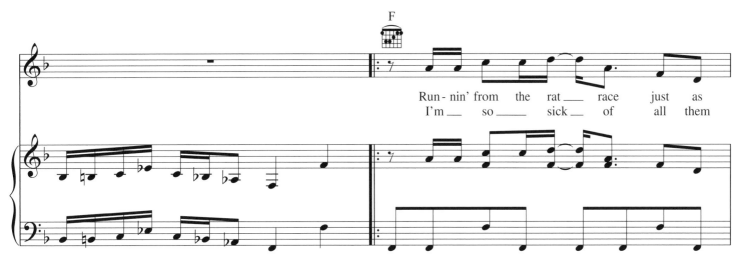

Run - nin' from the rat ___ race just as
I'm ___ so ___ sick ___ of all them

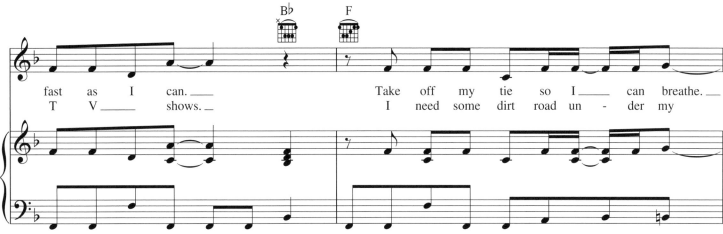

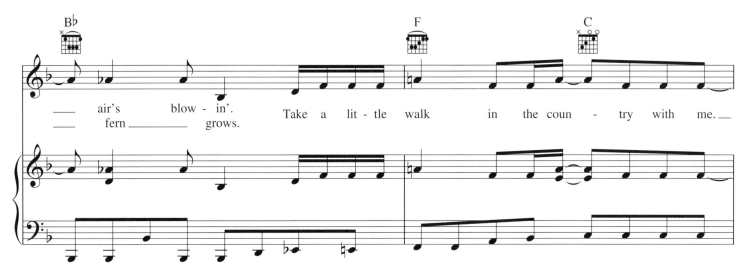

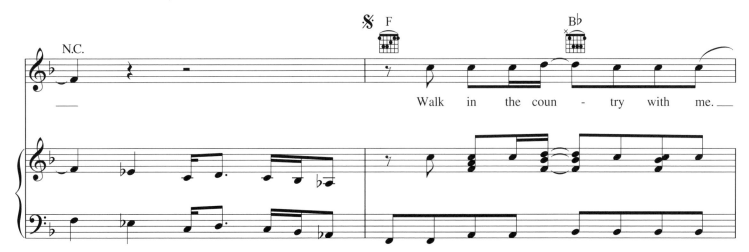

Watch the sun sink - in' down on the trees. __

_____ It's gon - na do us some good to get

down in the woods. ___ Take a lit - tle walk in the coun - try with me. ___

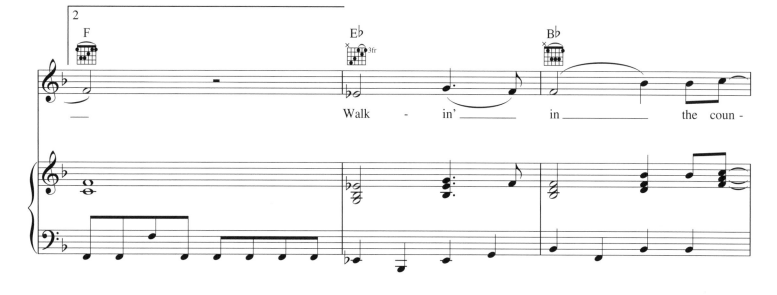

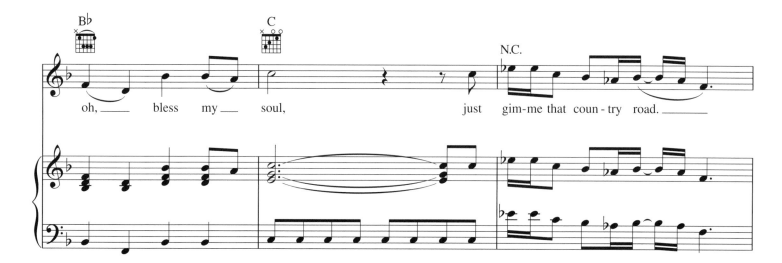

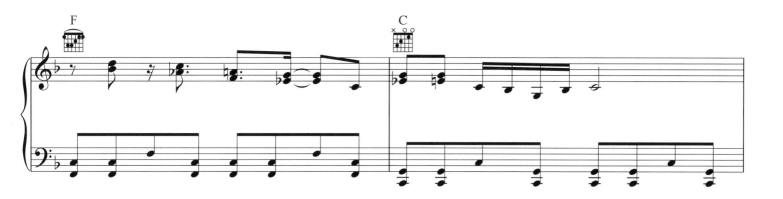

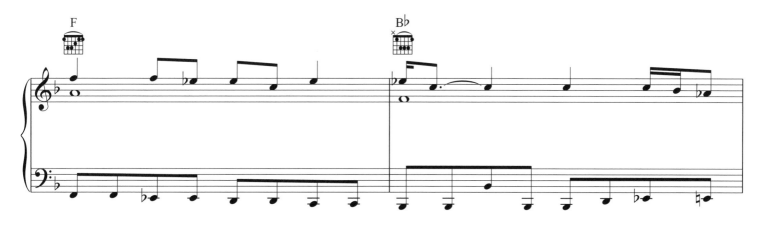

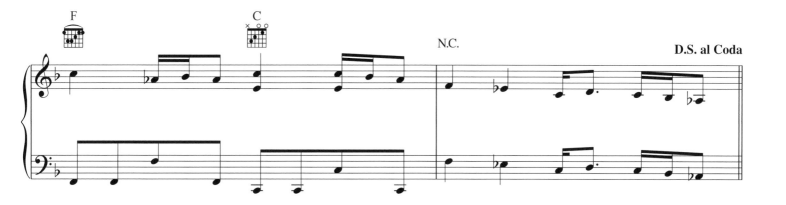

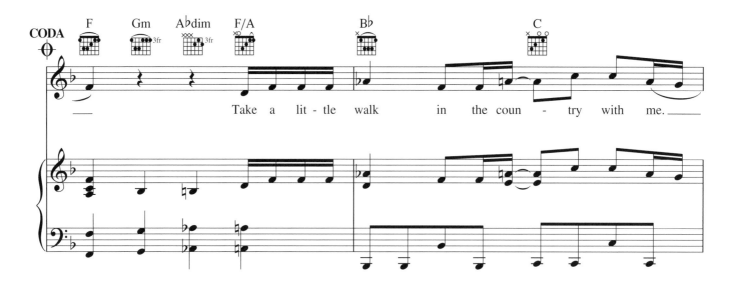

CODA

Take a lit - tle walk in the coun - try with me.

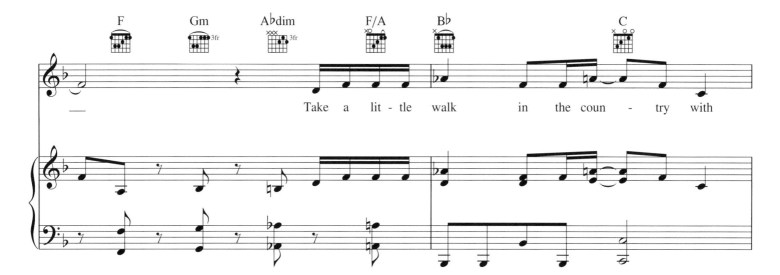

Take a lit - tle walk in the coun - try with

me.

N.C.

BETTER THAN THAT

Words and Music by CHRIS DESTEFANO,
JEFF CATES and CRAIG WISEMAN

Moderately fast

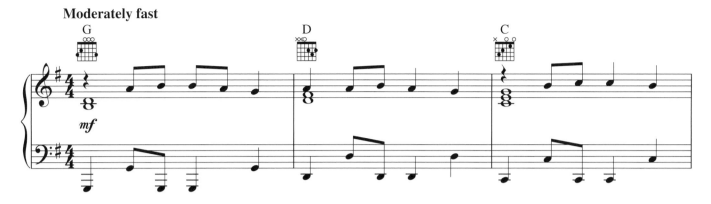

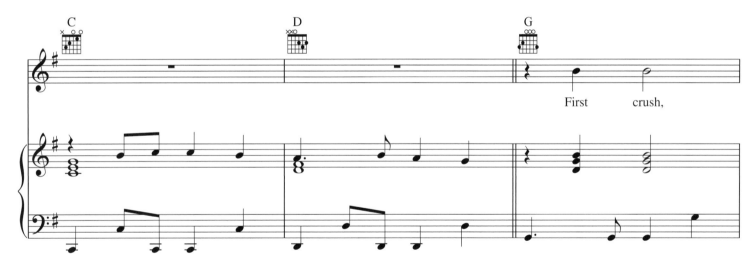

First crush,

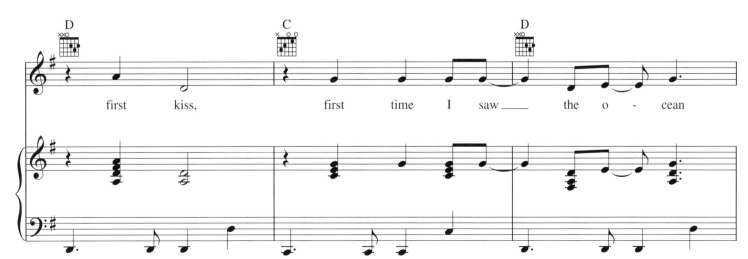

first kiss, first time I saw ___ the o - cean

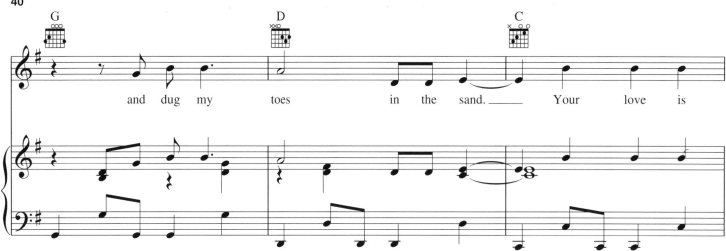

and dug my toes in the sand. ____ Your love is

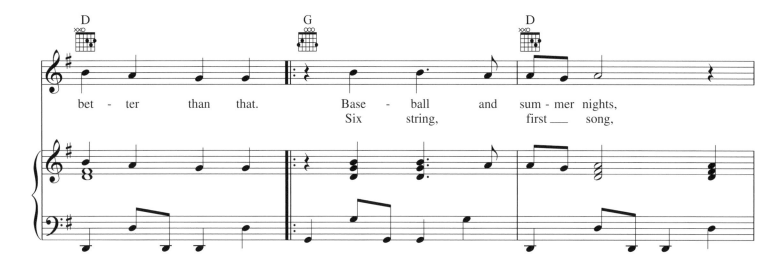

bet - ter than that. Base - ball and sum - mer nights,
Six string, first ____ song,

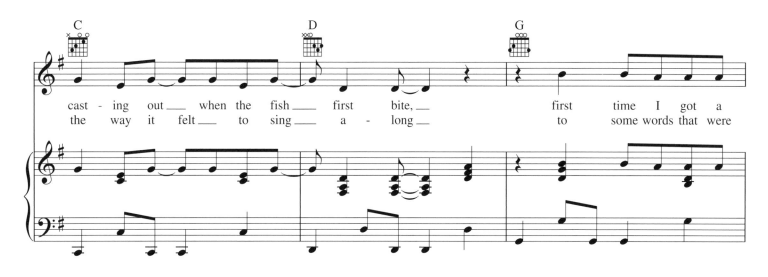

cast - ing out ____ when the fish ____ first bite, ____ first time I got a
the way it felt ____ to sing ____ a - long ____ to some words that were

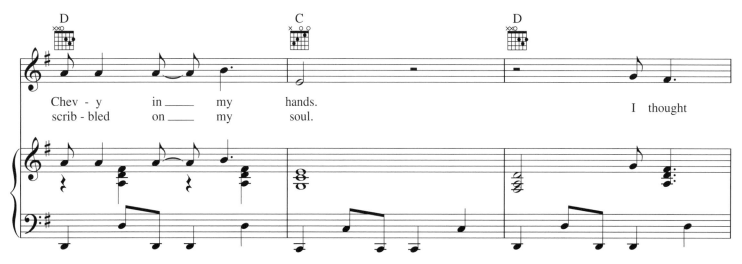

Chev - y in ____ my hands.
scrib - bled on ____ my soul. I thought

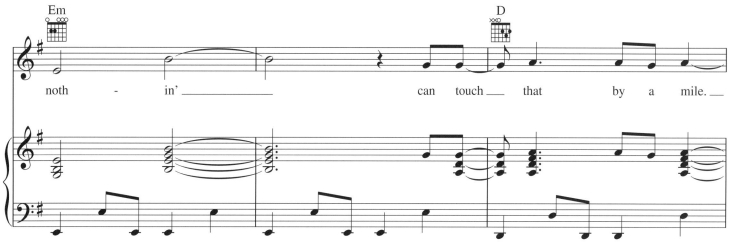

noth - in' _____ can touch ___ that by a mile. _____

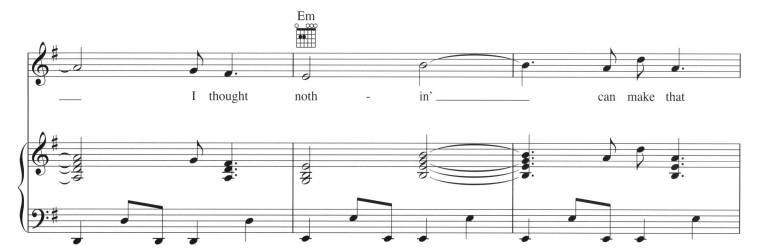

_____ I thought noth - in' _____ can make that

mo - ment seem so _____ worth - while. ___ Your love is

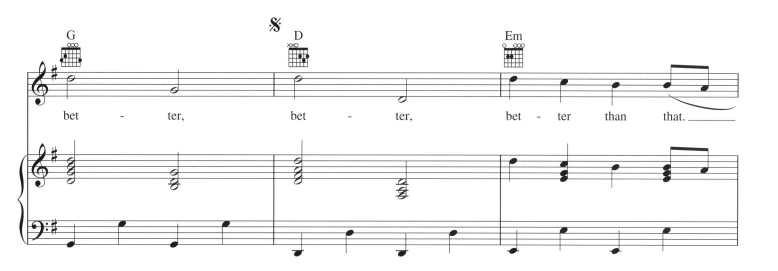

bet - ter, bet - ter, bet - ter than that. _____

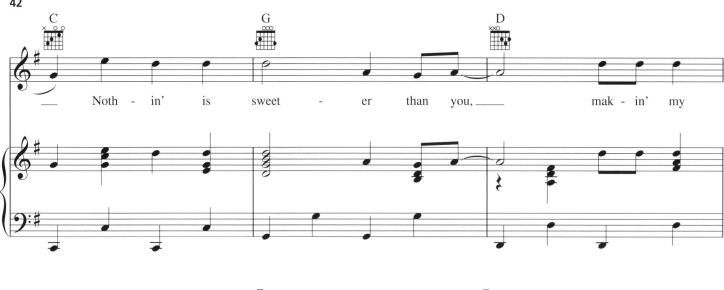

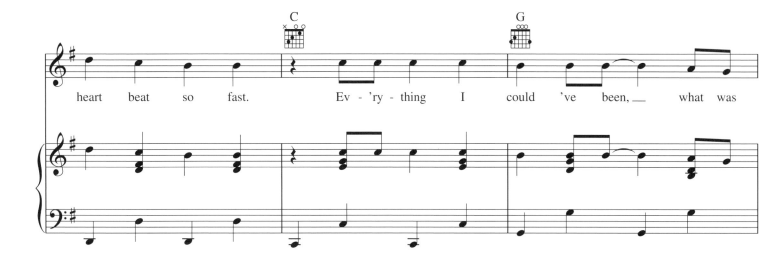

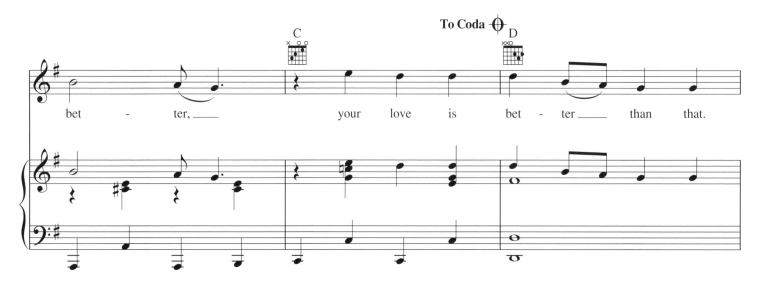

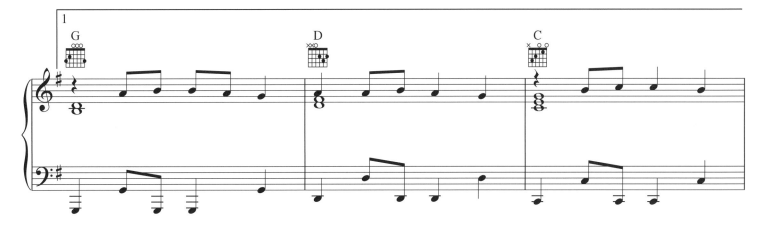

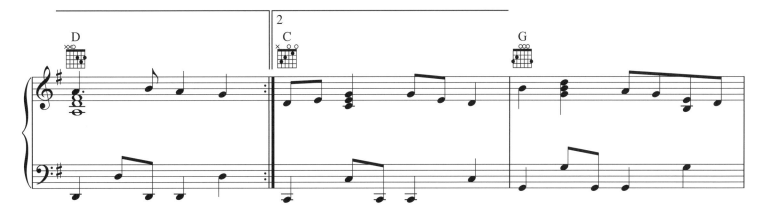

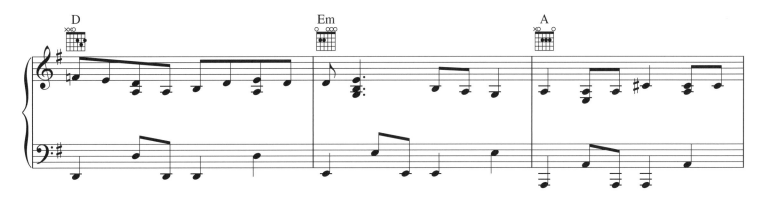

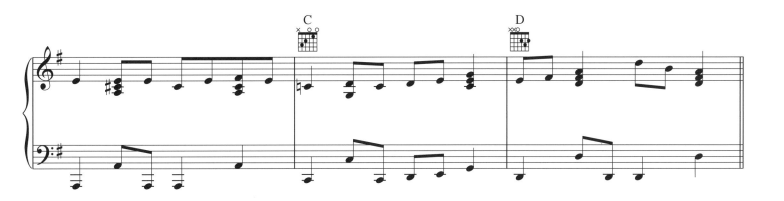

One day years from now __ when I'm old and gray __ I'm gon - na

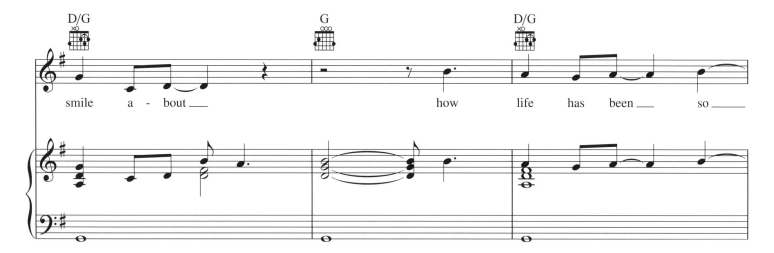

smile a - bout __ how life has been __ so __

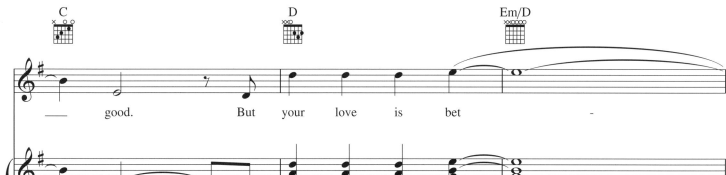

__ good. But your love is bet -

D.S. al Coda

- ter,

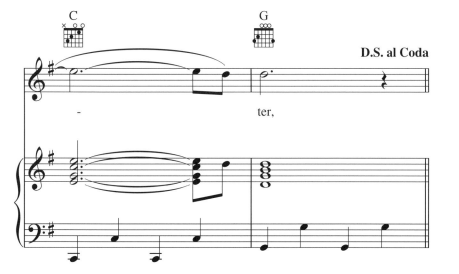

CODA

bet - ter __ than that, __

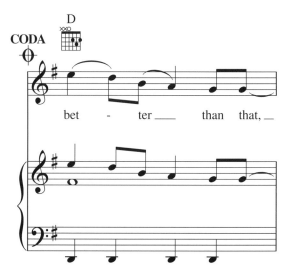

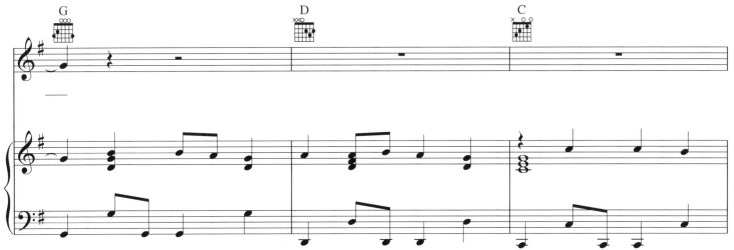

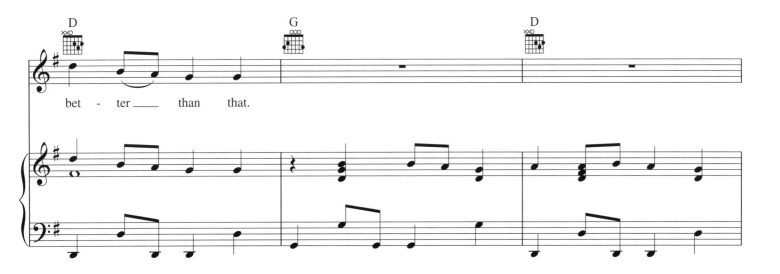

bet - ter ___ than that.

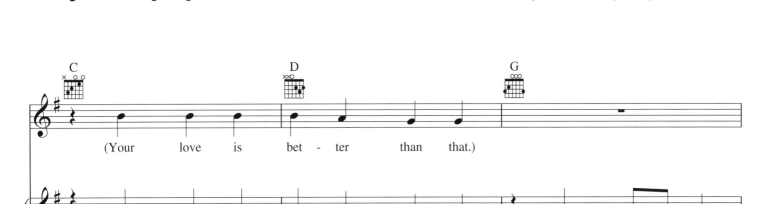

(Your love is bet - ter than that.)

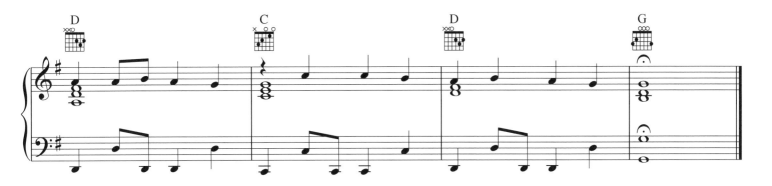

WRITE MY NUMBER
ON YOUR HAND

Words and Music by JEREMY STOVER,
JAMIE PAULIN and THOMAS RHETT AKINS

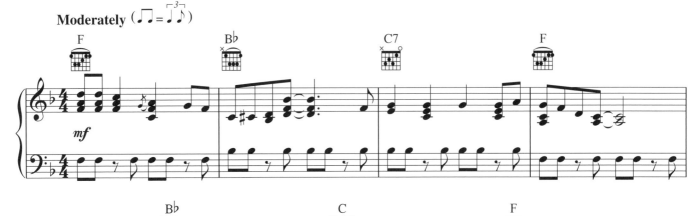

She climbed __ up an oak tree and dou-ble back flipped, __ riv-er drenched bi-kin-i sit-tin'

pret-ty on her hips. We shared __ a Co-ca Co-la sit-tin' on a log __ and

I was want'n to kiss her like an old bull frog. Did you say you're on-ly here for a
jumped back in the wa-ter in the

cou-ple of days? Well, al-right, we ain't got much time to waste. We talked
moon-light glow. I said, "Come to-mor-row, where you wan-na go?" May-be

till the moon chased the sun from the sky. Said this is hel-lo, it sure
some place cool 'cause it 'll be hot. Do it one more time I think it

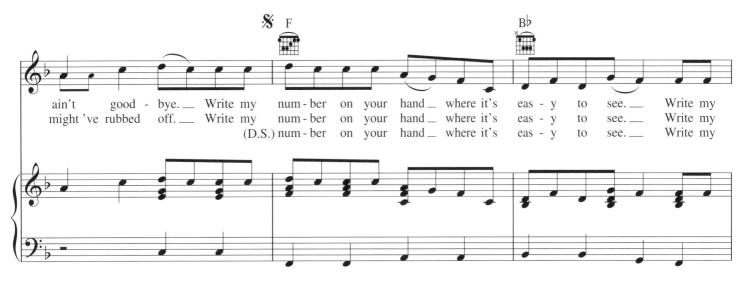

ain't good-bye. Write my num-ber on your hand where it's eas-y to see. Write my
might 've rubbed off. Write my num-ber on your hand where it's eas-y to see. Write my
(D.S.) num-ber on your hand where it's eas-y to see. Write my

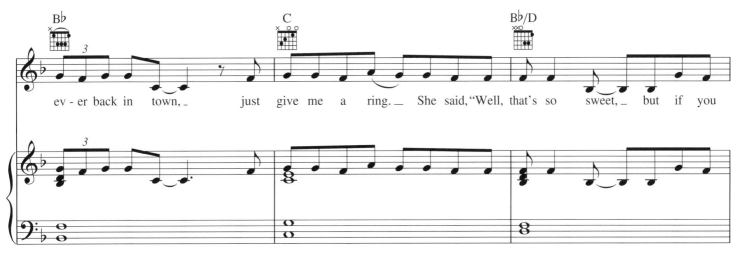

ev-er back in town, _ just give me a ring. _ She said, "Well, that's so sweet, _ but if you

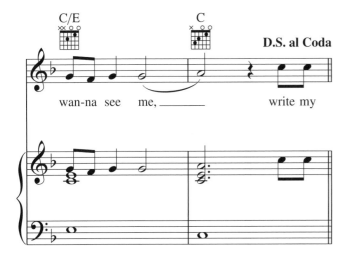

D.S. al Coda

wan-na see me, _____ write my

CODA

hand. It'd look pret - ty dang good with your

farm-er's tan. _ Ba - by, write my num-ber on your hand.

DIRTY DISHES

Words and Music by TONY MARTIN,
NEIL THRASHER and MICHAEL DULANEY

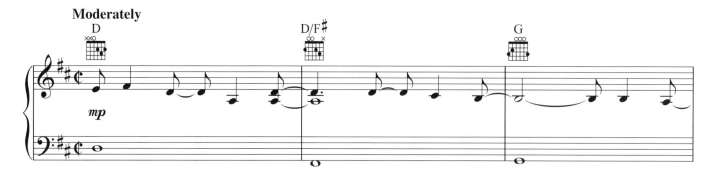

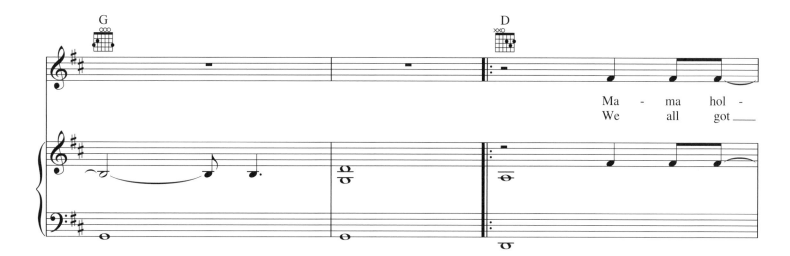

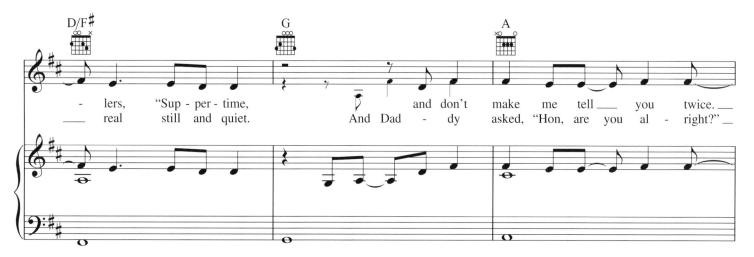

Wash your hands ___ and wipe your face. ___
She said, "There ___ ain't noth - in' wrong. ___

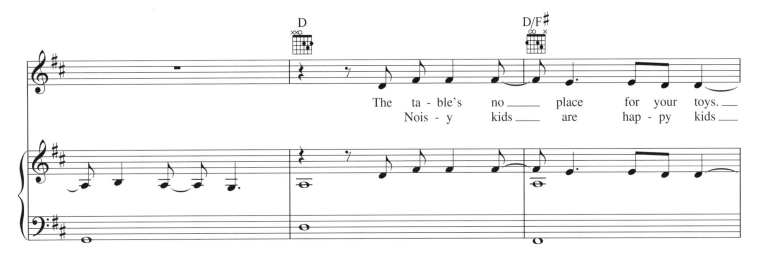

The ta - ble's no ___ place for your toys. ___
Nois - y kids ___ are hap - py kids ___

And try to use ___ your in - side voice. ___ And don't dig in ___
and slam - min' doors ___ just means we live ___ in a warm ___

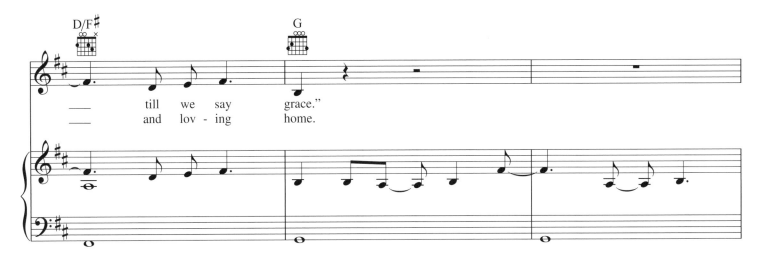

___ till we say grace."
___ and lov - ing home.

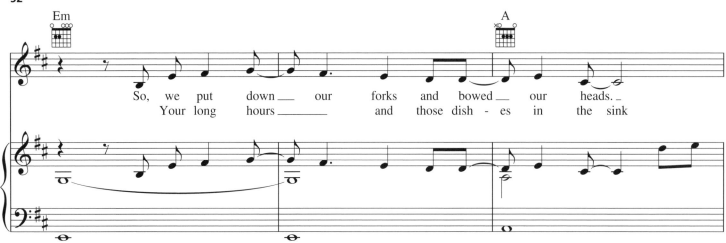

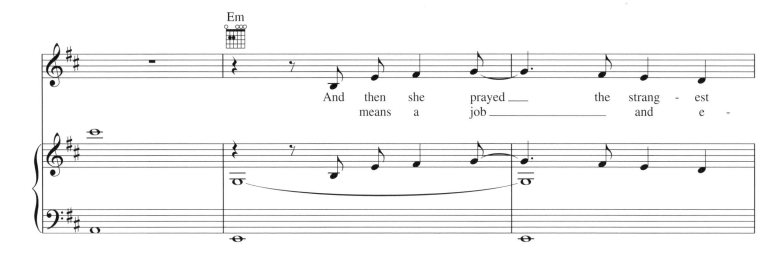

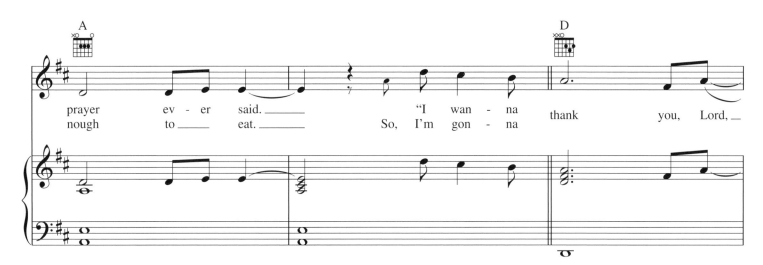

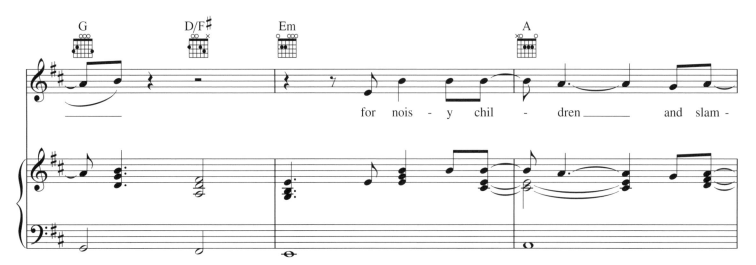

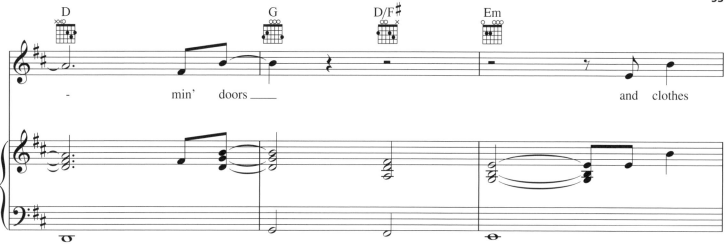

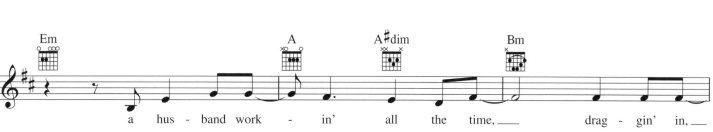

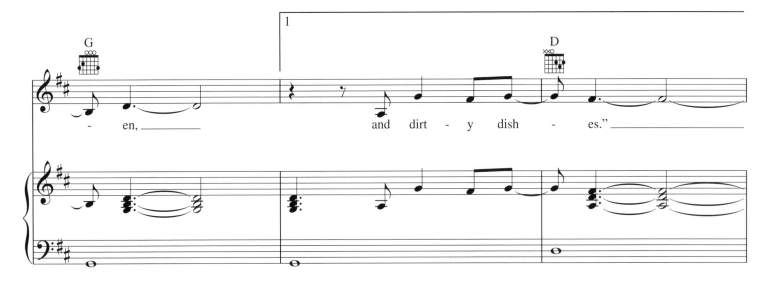

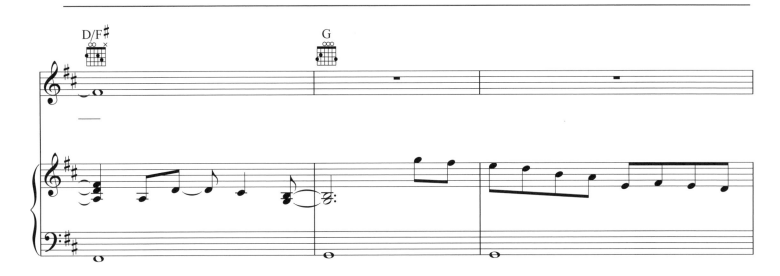

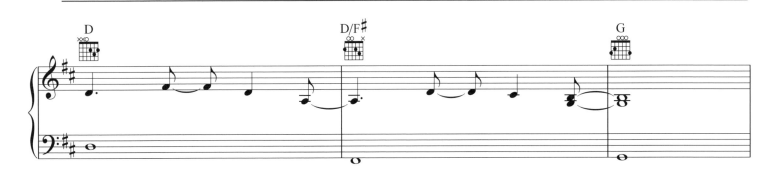

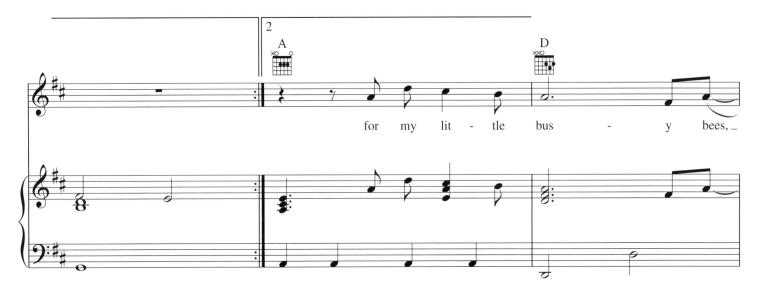

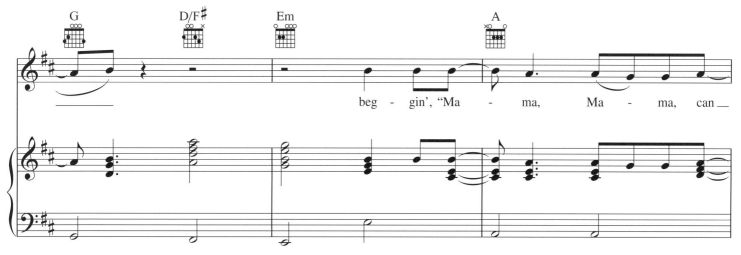

beg - gin', "Ma - ma, Ma - ma, can ___

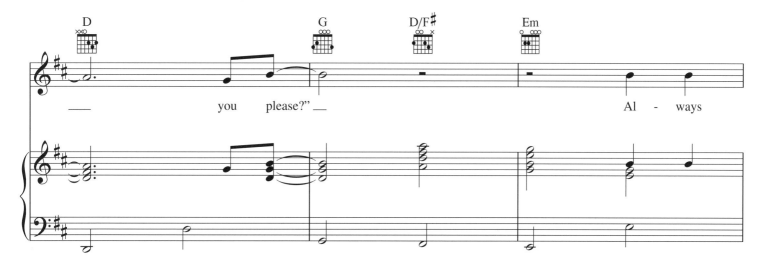

___ you please?" ___ Al - ways

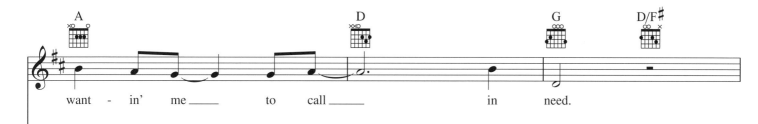

want - in' me ___ to call ___ in need.

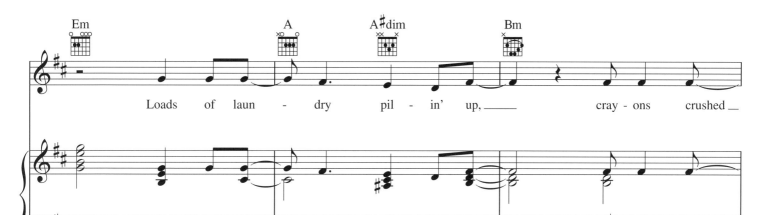

Loads of laun - dry pil - in' up, ___ cray - ons crushed ___

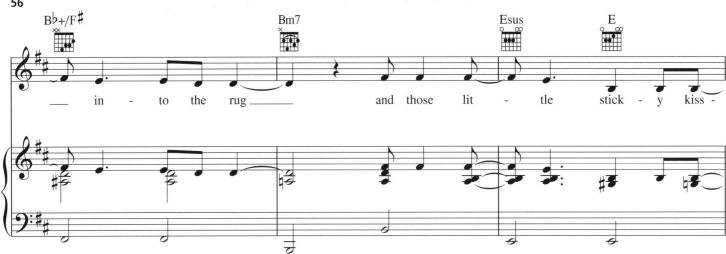

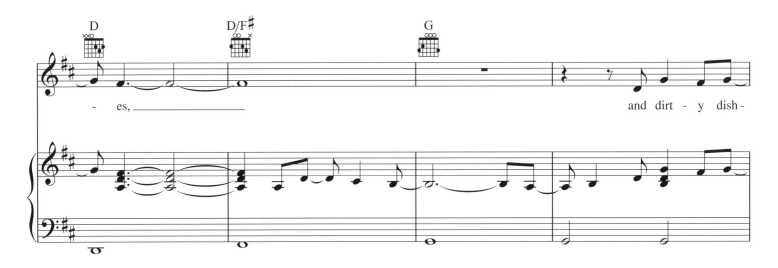

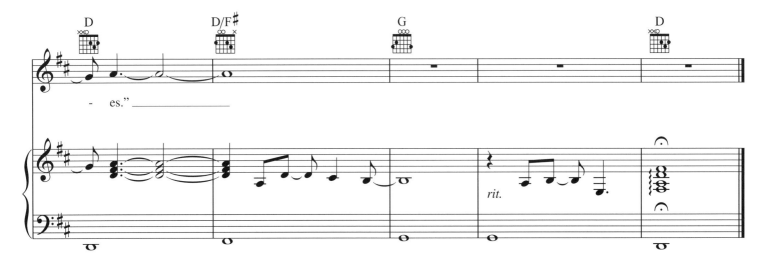

YOU MAKE THAT LOOK GOOD

Words and Music by RHETT AKINS
and LEE THOMAS MILLER

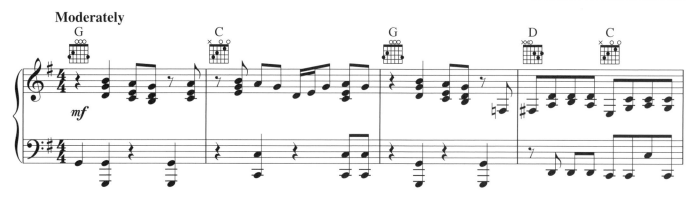

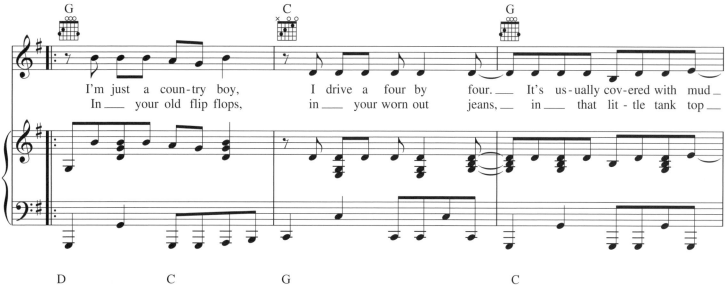

I'm just a coun-try boy, I drive a four by four.__ It's us-ual-ly cov-ered with mud__

In__ your old flip flops, in__ your worn out jeans,__ in__ that lit-tle tank top__

__ from the ax-le to the door.__ It's a lit-tle banged up, a lit-tle too much rust.

__ you're still a beau-ty queen.__ Sit-tin' there on the steps, paint-in' your toe - nails

But when you're sit-tin' be-side ___ me in my old truck, you make that look good,
with your hair put ___ up ___ in a pon-y - tail,

hon-ey, bet-ter than it should.
(Might as well ___ say Cad-il-lac there on the hood.)
Is that my ___ front porch ___ or Hol-ly-wood?
Al-ways swore ___ I could and now I'm think-ing I could.

The way you flash that smile, ___ girl, the way you look, no mat-ter what you do, ___

___ you make that ___ look good. ___

To Coda ⊕

| 1
G   C

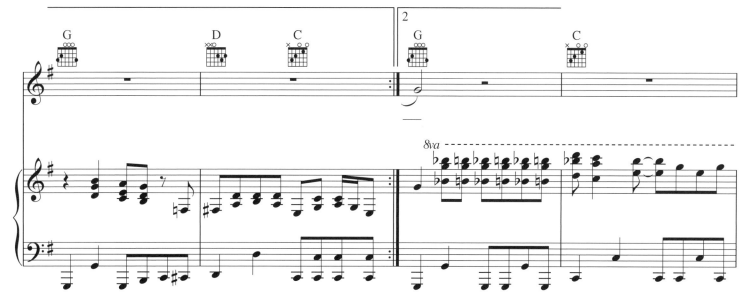

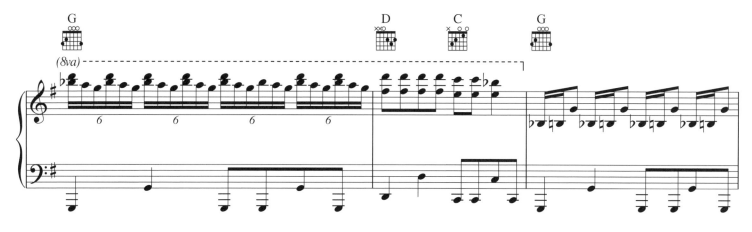

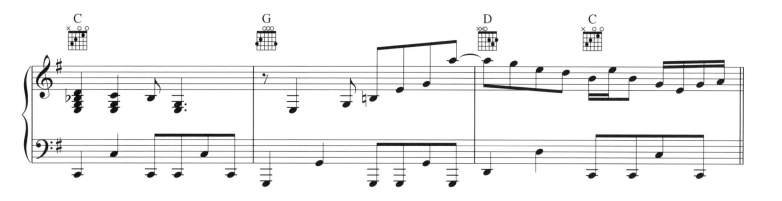

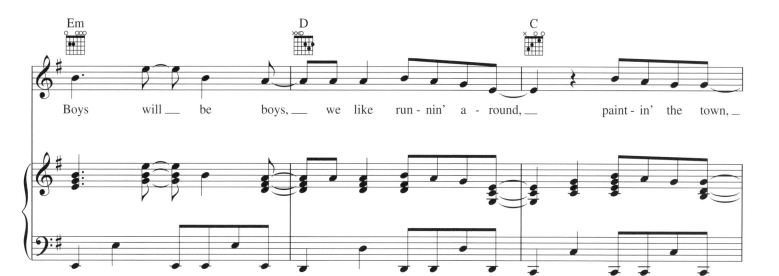

Boys will __ be boys, __ we like run-nin' a - round, __ paint-in' the town, __

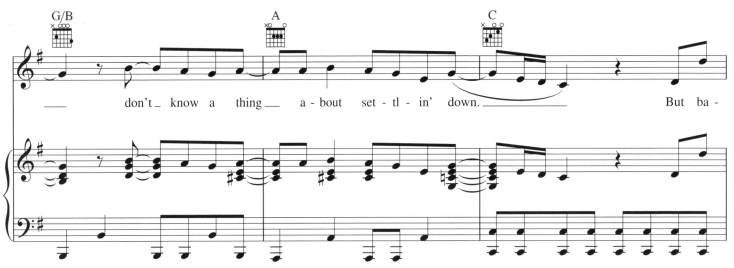

don't know a thing __ a - bout set - tl - in' down. ____ But ba -

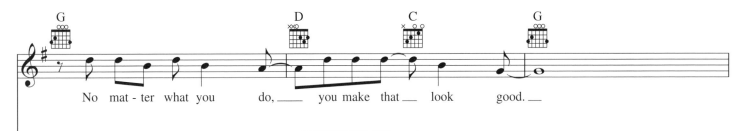

by, right now ____

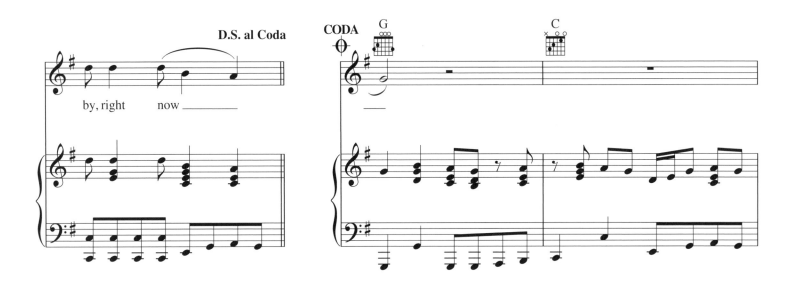

No mat - ter what you do, ____ you make that __ look good. __

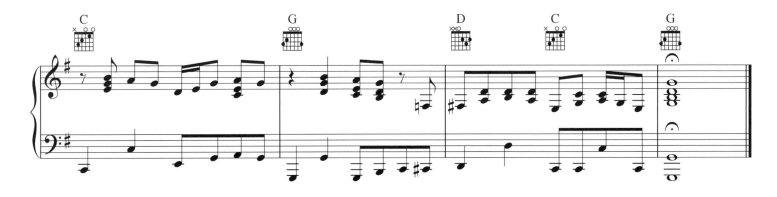

BACK ON THE GROUND

Words and Music by CASEY BEATHARD,
TONY MARTIN and NEIL THRASHER

Moderately slow

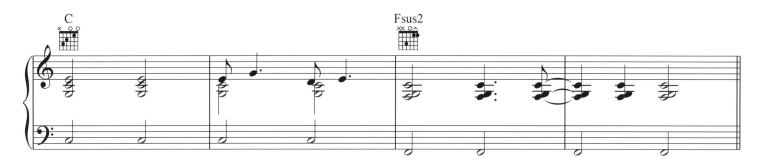

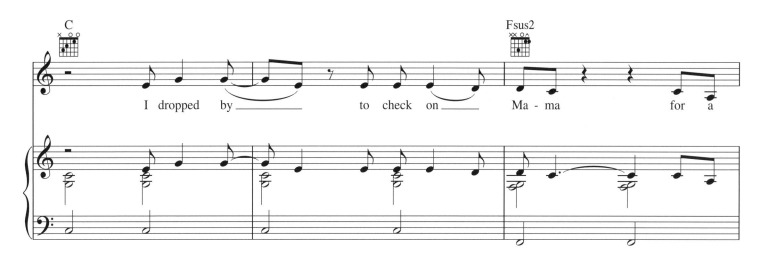

I dropped by _____ to check on _____ Ma - ma for a

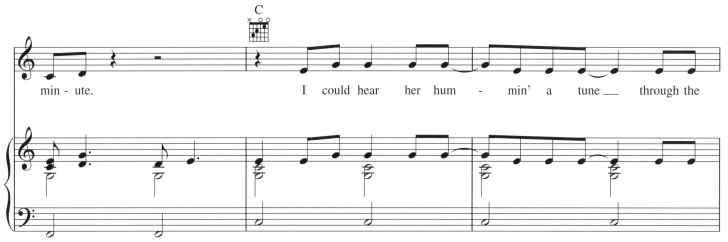

min - ute. I could hear her hum - min' a tune ___ through the

* Recorded a half step lower.

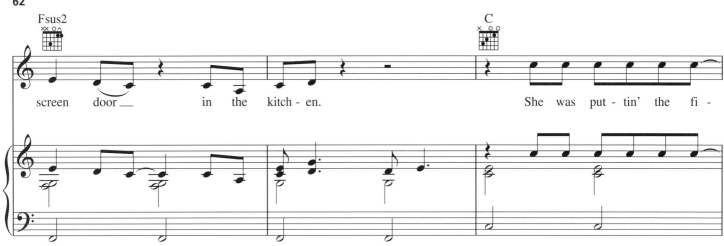

screen door ____ in the kitch - en. She was put - tin' the fi -

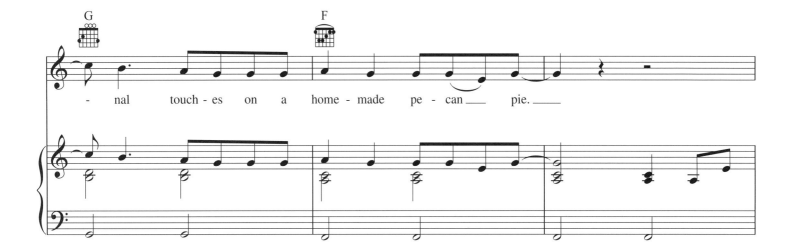

- nal touch - es on a home - made pe - can ____ pie. ____

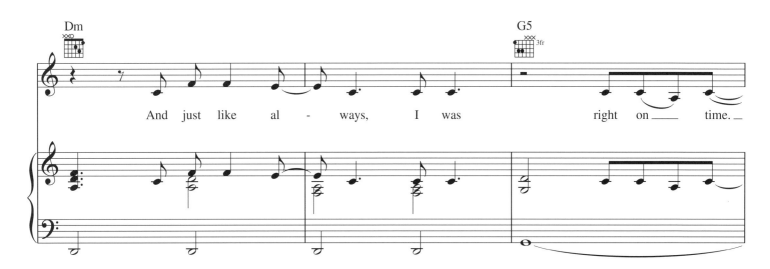

And just like al - ways, I was right on ____ time. ___

A lit - tle game of guess ____ who and I got a hug ____
That ___ min - ute turned in - to ____ an hour ____

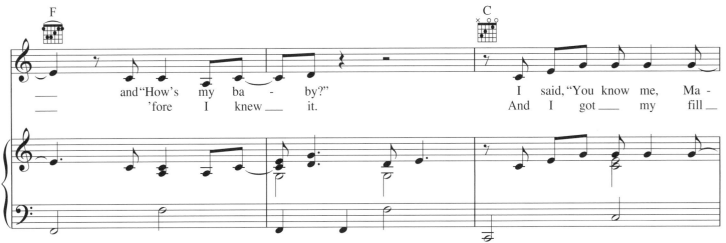

and "How's my ba - by?"
I said, "You know me, Ma-
'fore I knew ___ it.
And I got ___ my fill ___

- ma, I've been hit - tin' it hard ___ and run - nin' like cra - zy.
___ on pie and how ev - 'ry - bod - y's do - in'.

But I don't wan - na bore you with ___ that same ___ ol' noth - in's new. ___
I used to look for ev - 'ry rea - son in the world to hit that door. ___

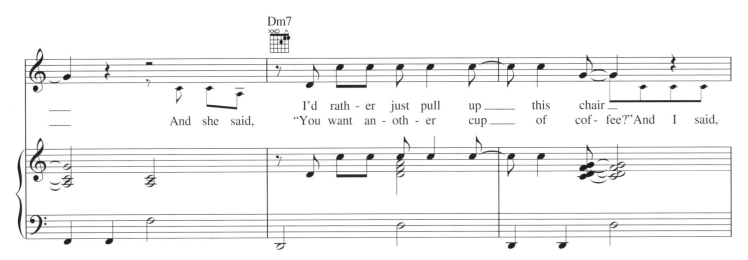

___ And she said, "You want an - oth - er cup ___ of cof - fee?" And I said,
I'd rath - er just pull up ___ this chair ___

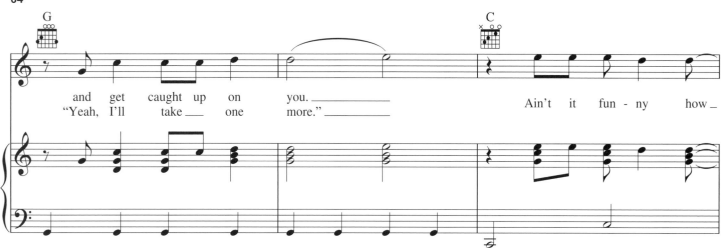

and get caught up on you.

"Yeah, I'll take ___ one more." ___

Ain't it fun-ny how ___

___ it all ___ comes back a-round? ___

I re-mem-ber when I

could-n't wait ___ to get out ___ of her hair ___ and ditch ___ this town. ___

I was

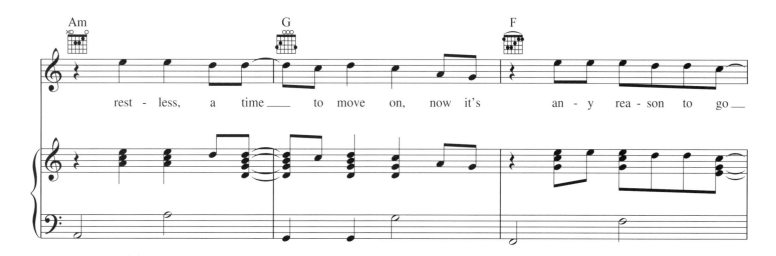

rest-less, a time ___ to move on, now it's

an-y rea-son to go ___

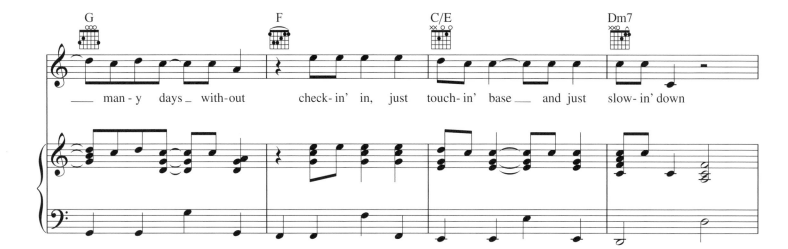

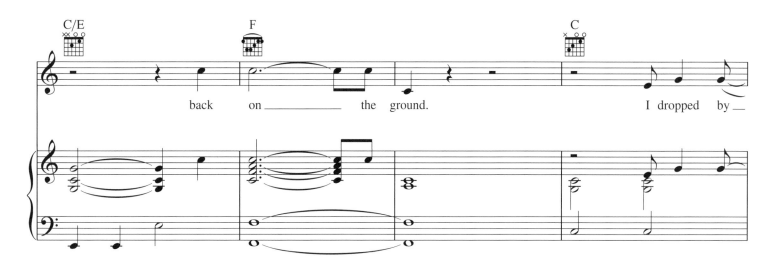

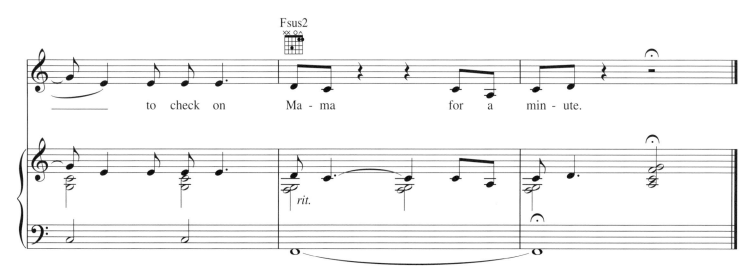

THAT OLD KING JAMES

Words and Music by PHILLIP WHITE
and MARK NESLER

Preach - er ____ gave it ____ to him ____ when he ____
passed it down to Ma - ma on ____ the day ____

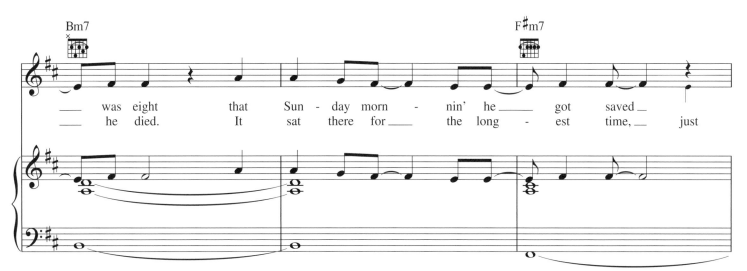

____ was eight that Sun - day morn - nin' he ____ got saved ____
____ he died. It sat there for ____ the long - est time, ____ just

in that lit - tle church. ____
gath - er - ing the dust. ____
But when life ____

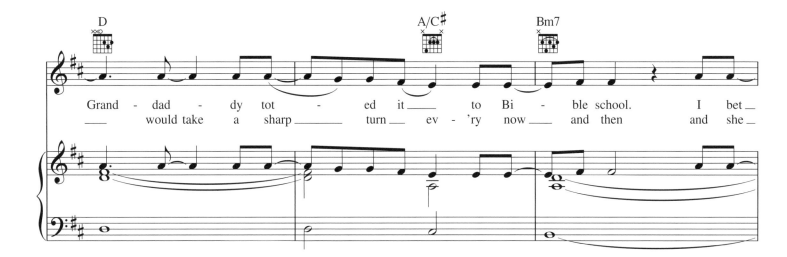

Grand - dad - dy tot - ed it ____ to Bi - ble school. I bet ____
____ would take a sharp ____ turn ____ ev - 'ry now ____ and then and she ____

____ back then ____ it looked ____ brand new, ____ not a fad - ed word. ____
____ would just ____ start miss - in' him, I'd see her pick ____ it up. ____

____ Now the cov-er's torn ____ and the

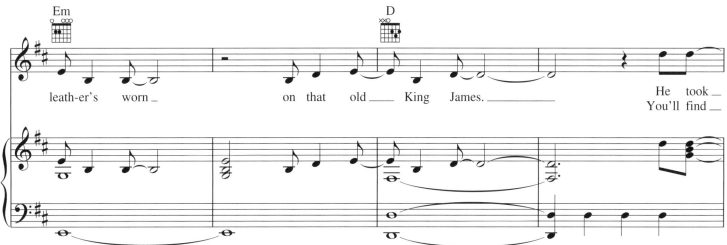

leath-er's worn ___ on that old ___ King James. _____ He took ___
You'll find ___

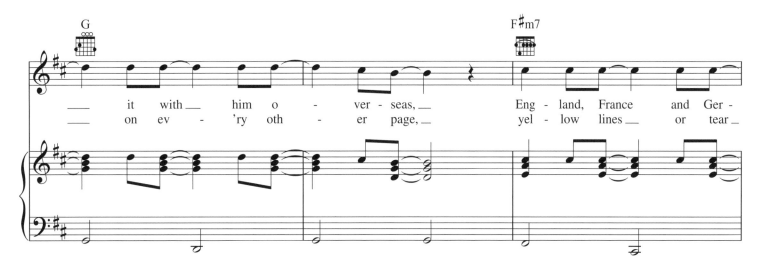

___ it with ___ him o - ver - seas, ___ Eng - land, France and Ger -
___ on ev - 'ry oth - er page, ___ yel - low lines ___ or tear ___

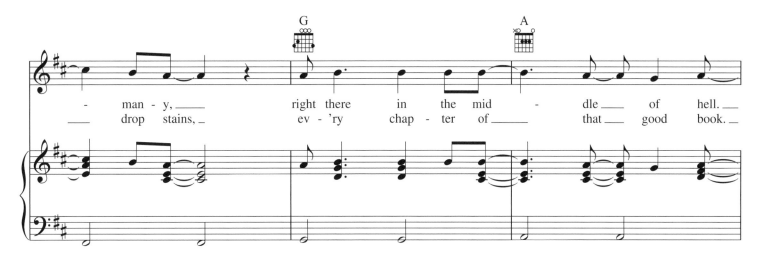

- man - y, ___ right there in the mid - dle ___ of hell. ___
___ drop stains, ___ ev - 'ry chap - ter of ___ that ___ good book. ___

___ Said he read ___ it ev -
Been through can - cer, war ___ and cra -

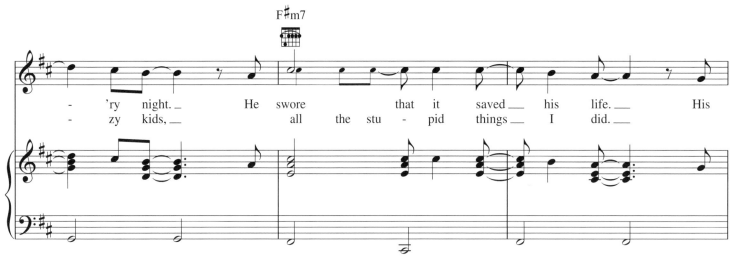

-'ry night. __ He swore that it saved __ his life. __ His
-zy kids, __ all the stu - pid things __ I did. __

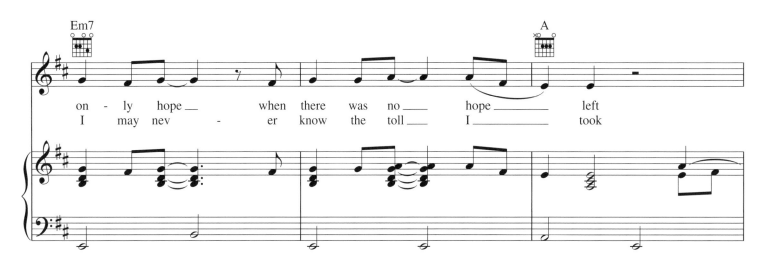

on - ly hope __ when there was no __ hope __ left
I may nev - er know the toll __ I __ took

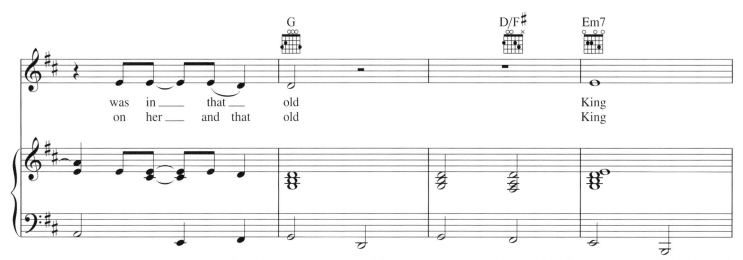

was in __ that __ old King
on her __ and that old King

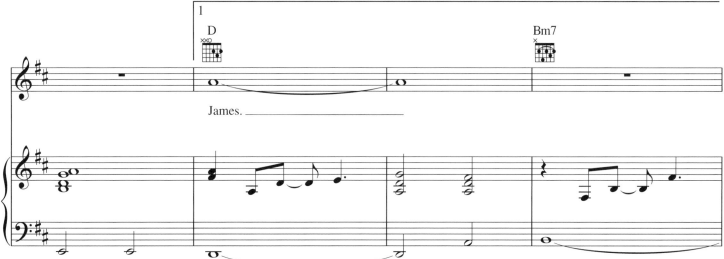

James. _____

He   James.

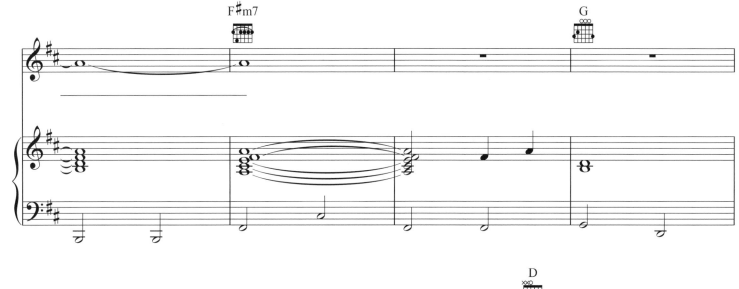

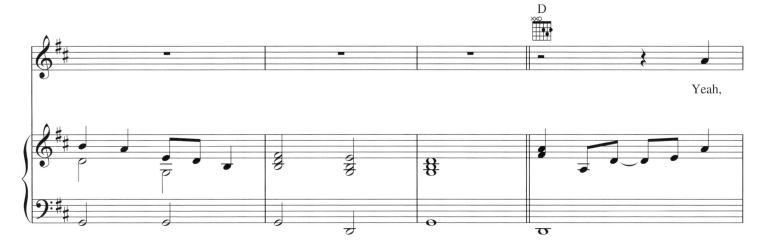

Yeah,

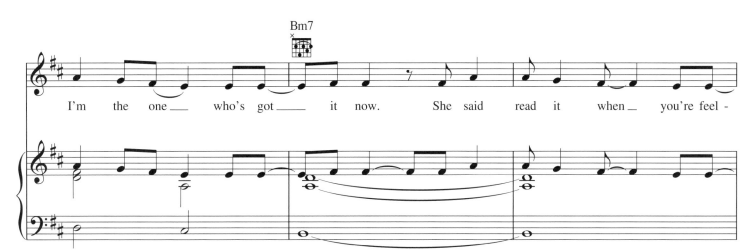

I'm   the   one ___ who's got ___ it now.   She said   read   it   when ___ you're feel -

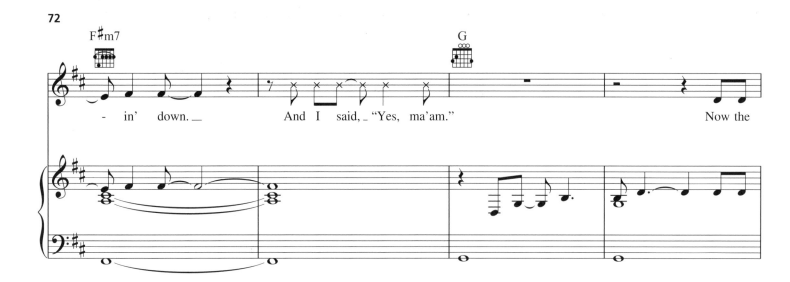

-in' down. ___ And I said, ___ "Yes, ma'am." Now the

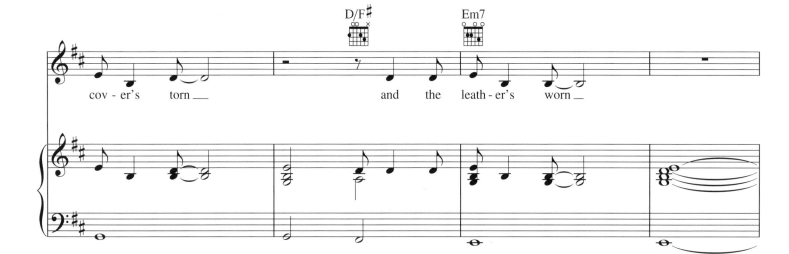

cov-er's torn ___ and the leath-er's worn ___

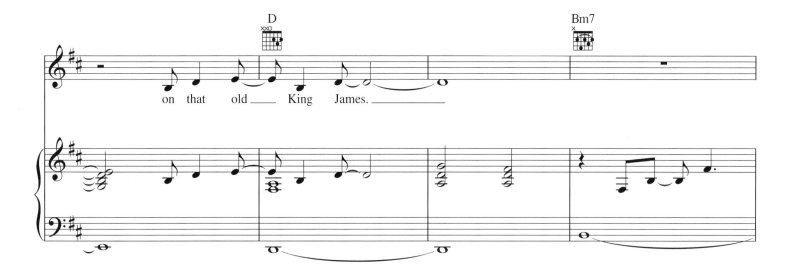

on that old ___ King James. ___

rit.